AF267503

QUELQUES MOTS

SUR L'AFFAIRE

DE LA FAMILLE BLUTH

PAR

M. L'ABBÉ THÉODORE RATISBONNE

PARIS

IMPRIMERIE DE W. REMQUET, GOUPY ET Cie,

rue Garancière, 5.

1864

QUELQUES MOTS

SUR L'AFFAIRE

DE LA FAMILLE BLUTH

« Il y a temps de parler et temps de se taire, » dit la Sainte Écriture. J'ai gardé le silence pendant que des clameurs inconsidérées retentissaient autour de moi ; je crois devoir le rompre aujourd'hui que les émotions sont calmées.

Mais en abordant ces explications, j'éprouve l'embarras d'un homme qui voudrait démontrer que la ligne droite est le plus court de tous les chemins. En effet mon rôle dans l'affaire Blüth est tellement simple que, si la malveillance ne l'avait défiguré, je n'aurais pas eu besoin de le justifier.

Un autre désagrément se rencontre dans cette tâche : c'est la défiance avec laquelle on accueille la vérité. De nos jours on use et on abuse si étrangement de la parole, qu'on se tient instinctivement en garde contre toute es-

pèce d'affirmations, et on suppose des mensonges par-
tout.

Pour moi, ministre de la parole évangélique, je dirai
simplement : « *Cela est, ou cela n'est pas.* » Je n'ai d'ailleurs aucun intérêt, aucune raison quelconque, d'alté-
rer mon témoignage ; et je mets au défi ceux qui ne
voudraient pas l'accepter, de prouver le contraire de ce
que j'atteste.

Appelé devant la Cour d'assises de Douai, comme témoin, pour déposer sur les faits de détournement de
mineurs, imputés à M. Mallet, ma déposition eût été
fort insignifiante si je n'avais pas eu à me défendre moi-
même contre des imputations inattendues. Voici ce que
j'avais à dire :

Le 9 avril 1847, une fille majeure, nommée Anna-
Siona Blüth, fut admise gratuitement dans une maison
de charité de N.-D. de Sion, sur la recommandation de
Mgr Bervanger, directeur de l'OEuvre de Saint-Nicolas.
Cette fille israélite, devenue chrétienne, se retira le
11 août 1848, pour entrer en qualité d'institutrice chez
madame la C^{esse} de Mortier. Elle occupa sucessive-
ment plusieurs autres places. Mais il faut avouer que si
elle a perdu la raison en **1861**, on serait peu juste d'en
rendre responsable un établissement qu'elle a quitté
en **1848**.

Il est vrai que cette fille était fort exaltée ; et ce fut
contre mon avis et malgré mes représentations, qu'elle
appela à Paris sa nombreuse famille dénuée de moyens
d'existence. Son père, ex-maître d'école juive à Saarlouis
en Prusse, cherchait d'ailleurs à se dérober aux persé-
cutions de ses coreligionnaires qui l'accusaient de chris-
tianisme ; ce qui a été constaté par un acte judiciaire lu

devant la Cour de Douai. M. Blüth vint donc en 1848 solliciter l'admission de ses enfants dans la maison de charité où sa fille aînée avait déjà appris à gagner honorablement sa vie. Il voulait qu'elles devinssent chrétiennes; et lui-même demanda le baptême avec instance. Ce n'était pas un petit enfant; il avait une cinquantaine d'années; il était parfaitement instruit, et se montra reconnaissant de la générosité avec laquelle on accueillait ses filles, alors encore bien jeunes. Son baptême eut lieu publiquement; ce fut M. de Kergorlay qui lui servit de parrain.

Trois filles de M. Blüth furent admises en 1848; et une quatrième, Élisabeth, en 1849. Quant aux fils Blüth, on ne me les a jamais présentés; je n'ai jamais demandé à les voir, et je ne les connais pas.

Or, qu'on veuille bien remarquer les dates suivantes :

Gabrielle a quitté la maison de Sion en janvier 1850 pour se placer comme femme de chambre chez Mme De Lalain à Paris.

Sophie-Thérèse est sortie en octobre 1855, pour se rendre chez sa sœur aînée à Cambrai.

Philomène-Louise a été rendue à son père le 21 novembre 1855.

Élisabeth, la plus jeune, avait été reprise par sa mère en 1853.

Ces faits ne sont point contestés, et on peut en vérifier les dates sur les registres de N.-D. de Sion. Il en résulte que toutes ces filles, amenées par leur père et recueillies à titre gratuit, lui ont été rendues il y a plus de six ans. Depuis lors, nulle d'entre elles n'a plus été admise dans aucune maison de N.-D. de Sion.

On a faussement allégué qu'elles avaient été rete-

nues contre le gré de leurs parents. Si on veut interro-
ger des témoins, on se convaincra que non-seulement le
père, mais aussi la mère Blüth, vinrent très-fréquemment
rendre visite à leurs enfants; et la gratitude humble
qu'ils exprimaient alors contraste avec l'explosion tar-
dive de leurs récriminations. Madame Blüth, quoique
juive, a même plus d'une fois assisté aux offices de la
chapelle; ce que je ne dis qu'en passant, et sans y atta-
cher d'importance.

Voici, d'ailleurs, une pièce que je n'avais pas songé
à emporter à Douai, parce que je ne prévoyais pas que
j'aurais à me justifier :

« Je désire que mes trois filles, Marie-Philomène,
« Marie-Sophie et Marie-Élisabeth, puissent rester à
« N.-D. de Sion jusqu'à l'âge de vingt-un ans, si
« Messieurs les Supérieurs veulent bien m'accorder
« cette faveur; et je m'engage à me conformer en tout
« aux règles et conditions qu'on exigera de moi en
« qualité de père.

« Paris, 15 mars 1854.

« Jacob Blüth père. »

Je tiens cet écrit à la disposition de la justice.

Travestir en crime une bonne œuvre qu'on avait sollicitée, c'est un moyen comme un autre de se rendre
intéressant; mais je doute qu'on approuve ce genre de
spéculation.

Ici, je veux mettre en plein jour un incident déjà
ancien dont on semble me faire aujourd'hui un reproche
plus sérieux. Je l'abandonne à l'appréciation de ceux

qui ont quelque expérience des sollicitudes pastorales.

Quand Louise-Philomène fut rendue à son père en 1855, elle avait près de vingt ans, et j'étais autorisé à la prémunir contre des dangers très-graves. Son père était retombé dans le judaïsme; il était malade d'esprit, puisqu'il avait tenté de se suicider, et on l'avait trouvé baigné dans son sang. Ce fait a été confirmé à l'une des audiences de la Cour d'assises. Je dis donc à sa fille : Si on violente votre conscience, si on attente à vos mœurs, fuyez et avertissez la police ! — Loin de regretter ce conseil, qui du reste a été hautement approuvé par M. le président de la Cour d'assises, je déclare qu'en pareille circonstance, je n'hésiterais pas à le donner encore. C'était en 1855; et je me demande d'où vient l'impulsion qui, en 1861, a tout à coup poussé cette fille, aujourd'hui âgée de vingt-six ans, à incriminer le conseil qu'elle a suivi? Elle avait alors vingt ans; elle agissait avec un parfait discernement, et elle était libre de rester chez son père, si elle l'avait voulu.

La susdite fille quitta le logis de son père, bien entendu sans m'en prévenir; et elle alla se réfugier chez Mme de Seillans que je ne connaissais pas même de nom. De là, elle m'écrivit une longue lettre, pleine de griefs contre ses parents , et me pria de lui procurer un lieu de sûreté. J'ai envoyé cette lettre à sa sœur aînée à Cambrai, en engageant celle-ci à prendre ses mesures pour chercher sa sœur. Les deux lettres ont été retrouvées à Douai par M. de Sèze. C'est moi qui ai autorisé ce dernier à les communiquer à la Cour d'assises. Si on me les avait rendues, je me serais fait un devoir de les publier.

On croira sans peine que je n'avais plus aucune envie de m'occuper de cette famille. Cependant Mme de Seillans était venue me trouver pour me recommander Louise-Philomène, en me représentant qu'il s'agissait de sauver l'âme d'une jeune chrétienne. Il me répugnerait de rappeler ici l'étrange calomnie qui a été prononcée en cette occasion : je l'ai publiquement confondue devant la Cour d'assises. Je n'ai point traité d'héroïne une fille qui prétendait s'arracher à la corruption. Si elle était honnête, elle n'obéissait qu'aux plus simples dictées de sa conscience.

Madame de Seillans ne pouvait garder Philomène chez elle. J'ai recommandé alors cette dernière à une maison de placement de domestiques qui se trouve dans la même rue où je demeure. Quand on a dit à ce propos que j'avais conduit Philomène, rue Duguay-Trouin, on a induit en erreur plusieurs personnes qui ont cru naïvement que je l'avais conduite chez moi. Tout le monde, en effet, ne sait pas que je demeure dans une communauté ecclésiastique où les femmes ne sont reçues qu'au parloir; et qu'il n'y a pas le moindre rapport entre cette communauté et la maison des domestiques où Philomène a été accueillie. Mme de Seillans m'a autorisé à publier une lettre qu'elle a bien voulu m'adresser à ce sujet. On la trouvera à la fin de cet écrit.

J'ai déjà dit que j'avais mandé à Cambrai, à la sœur aînée de Philomène, de venir prendre sa jeune sœur à Paris. Mais au lieu de faire elle-même le voyage, elle donna cette commission au chanoine Mallet. Celui-ci était-il déguisé? c'est possible; les uns disent oui, les autres non. Pour moi, qui l'ai souvent vu en habit de ville, j'avoue franchement que je n'ai plus l'ombre de souvenir de ce fait qui date de six ans. Ces sortes de détails échappent à mon attention; et ma mémoire n'en conserve aucune trace.

Quoi qu'il en soit, M. Mallet n'avait été inculpé que du détournement de Sophie-Thérèse et d'Élisabeth. Je ne savais pas que Philomène, fille majeure de 26 ans, se mettrait également en cause. Je l'avais entièrement perdue de vue, aussi bien que ses sœurs depuis 1855; et depuis longtemps je ne pensais plus à cette famille. Une seule fois, il y a quelques années, me trouvant en mission à Douai, Philomène vint exprès de Cambrai avec sa sœur aînée pour voir celui qu'elles appelaient leur bienfaiteur. Je me rappelle que lorsqu'on m'annonça leur visite, je me souciai si peu de les voir que je priai M. Pellieux, avocat, chez lequel je demeurais, de m'en débarrasser; et comme elles insistaient, je leur dis moi-même, à la porte où elles m'attendaient, que je n'avais pas le temps de les recevoir. Je ne rapporte cette circonstance que pour ne rien omettre; mais je répète que je ne m'occupais plus en aucune manière de ces personnes. Je savais que M. Mallet les avait reçues à Cambrai ; je connaissais, sans l'approuver, l'hospitalité imprudente qu'il leur donnait dans sa maison; toutefois je n'avais pas le moindre soupçon sur sa moralité. Je ne pouvais pas savoir à Paris ce qui se passait à Cambrai; et quand on m'a interrogé à cet égard devant la Cour d'assises, j'ai déclaré en conscience que j'ignorais les fautes reprochées à M. Mallet. Ce ne fut qu'à l'audience que j'appris qu'il s'agissait de faits contre les mœurs.

Et maintenant, je demande à l'impartialité des hom-

/ mes de bonne foi, comment on a pu m'impliquer dans cette affaire.

Je n'ai jamais été en correspondance avec M. Mallet. J'avais eu l'occasion de le connaître pendant un carême que j'ai prêché à la cathédrale de Cambrai, mais je ne me rappelle pas avoir reçu de lui une seule lettre, ni lui avoir écrit une seule fois ; et c'est sans aucun fondement qu'on a avancé le contraire. Je l'accueillais, il est vrai, quand il venait à Paris, comme j'ai l'habitude d'accueillir mes autres confrères ; mais quand il me parlait des Blüth, je ne voulais pas même l'entendre. J'ai déjà dit, et on voudra bien le croire, que ces gens ne m'inspiraient pas le moindre intérêt.

Cependant, je ne sais quelle opiniâtre malveillance cherchait à m'attribuer aussi quelque solidarité dans le détournement de Sophie-Thérèse et d'Élisabeth. On ignorait la résidence de la première, et on me soupçonnait gratuitement de la connaître. La seconde produisait une fausse lettre, et on m'accusait de l'avoir mise à la poste à Alexandrie. On laissa planer sur moi ces injustes soupçons sans les appuyer sur aucune preuve.

Quant à Sophie-Thérèse, j'ai affirmé et j'affirme encore, de la manière la plus formelle, que je n'en ai jamais reçu de nouvelles, ni directes ni indirectes, depuis 1855 ; et j'ai toujours ignoré ce qu'elle était devenue. J'ai appris dernièrement, comme tout le monde, par une déclaration qu'elle a insérée dans les journaux, que cette fille majeure se trouve placée depuis plusieurs années dans une maison particulière à Londres. Si je l'avais su, quelle raison m'aurait empêché de le dire ?

L'autre imputation, relative à la lettre mise à la poste à Alexandrie, a été hasardée, comme la première, sans aucun fondement ; mais à force de la répéter, elle s'est accréditée. Je déclare catégoriquement, avec toute l'autorité de mon caractère et de ma conscience, que ni mon frère ni moi, ni aucun des nôtres, nous n'avons participé en quoi que ce soit, ni directement ni indirectement, au fait qui concerne cette lettre. Personne ne nous a chargés, à aucune époque, et nous n'avons chargé personne, de mettre à la poste la lettre d'Alexandrie, lettre dont je n'avais pas la moindre connaissance. Si on trouve que ma déclaration n'est pas assez nette, je la renouvellerai dans les termes qu'on voudra bien me poser. A-t-on vérifié du moins si le timbre de cette lettre coïncide avec mon voyage ? Je ne sais si la vérification a été faite ; on ne m'a demandé à ce sujet aucune explication. Il est manifeste cependant que si j'avais été coupable de ce délit, la justice m'en aurait demandé compte ; car en France la justice ne fait acception de personne. Elle n'a pas hésité à inculper au commencement de cette affaire plusieurs ecclésiastiques des plus recommandables de Cambrai, même un vicaire général, afin d'arriver à la connaissance de la vérité, et elle s'est empressée de les absoudre. Pour ma part, je n'ai pas été inculpé ; je n'ai été que témoin, et je m'étonne qu'on ait osé propager des accusations que la justice elle-même a repoussées.

Que reste-t-il donc de tous ces bruits ? Il reste peut-être quelques impressions qu'on a puisées dans les journaux. J'aurais trop à faire si je voulais relever les inexactitudes de ceux qui ont rendu compte des audiences. On m'a fait dire ce que je n'ai pas dit, on m'a fait taire ce que j'ai dit nettement. La *Gazette des Tribunaux* m'a attribué, entre autres, cette phrase qui m'a valu un torrent d'injures : « Tous les Israélites s'adressent à moi pour abjurer leurs erreurs ; *j'en reçois quarante-neuf sur cinquante.* » — J'avais dit au contraire, comme le rapporte le *Droit : « Sur cinquante, j'en renvoie quarante-neuf.* » — Un autre journal me prête une assertion plus étrange encore ; il me fait dire que tous les juifs riches me livrent leurs enfants pour en faire des chrétiens. Plût à Dieu que cela fût vrai ! mais je n'ai pu avancer ce qui n'est pas ; et le démenti violent qui a été publié à ce sujet est tombé à faux. J'avais été amené à dire que si les familles pauvres font donner une éducation chrétienne à leurs enfants, elles suivent en cela l'exemple des familles riches. C'est à cette parole que j'attribue toutes les colères dont j'ai été assailli, au point que si je n'ai pas été lapidé, cela n'a pas dépendu de ceux qui me jetaient la pierre. Du moins, à l'aide de ces procédés, on est parvenu à stigmatiser mon attitude devant la Cour d'assises. D'où vient la malveillance ? Je n'ai pas besoin d'en signaler l'origine.

J'ai longtemps gardé le silence, parce que je me souvenais des paroles de l'Évangile : « Le serviteur n'est pas plus que le Maître. S'ils m'ont persécuté, ils vous persécuteront aussi. Mais vous serez heureux lorsqu'à mon sujet les hommes vous chargeront d'injures et diront de vous toute sorte de mal, contre la vérité. »

Si je me décide aujourd'hui à publier quelques mots d'explication, c'est qu'on a cherché à nuire à la Communauté de N.-D. de Sion, en l'accusant à satiété de prosélytisme ; mais les investigations les plus minutieuses n'ont pas réussi à produire un seul fait à l'appui d'une accusation si vague. En effet cette Communauté, vouée à l'enseignement et aux œuvres de charité, est légalement reconnue. Les diverses maisons qu'elle dirige ne sont pas cloîtrées ; leurs pensionnats sont ouverts aux inspections de l'Académie ; et parmi leurs élèves, il en est plus de cinquante qui ont obtenu des diplômes, après avoir passé leurs examens universitaires. Les ressources provenant de ces pensionnats sont appliquées à des asiles où les jeunes filles pauvres reçoivent gratuitement une éducation modeste ; et on sait que ces maisons de charité admettent indistinctement les enfants de tous les cultes, les israélites aussi bien que les autres. Une instruction intelligente, adaptée aux diverses capacités, leur procure une existence honorable ; et c'est ainsi que les filles Blûth elles-mêmes ont été mises en mesure de soutenir leur famille. La règle fondamentale de cet Institut, c'est le respect de la conscience. Les enfants n'y sont reçues que du consentement de leurs parents ou de leurs protecteurs, quand elles sont orphelines ; elles sont rendues à ceux qui ont autorité sur elles, le jour même où ils les réclament ; et ce sont les parents seuls qui décident la question relative à la religion. Ces règles ont été si constamment suivies, si consciencieusement observées, que jamais ni les pensionnats ni les maisons de charité, dirigées par les religieuses de N.-D. de Sion, n'ont été l'objet de la moindre plainte. Bien au contraire, ces maisons sont entourées de l'estime et de la confiance d'une foule de familles ; elles ont souvent été l'objet des faveurs du Gouvernement lui-même.

Tels sont les faits dans leur simple vérité. Je ne les expose que pour les hommes qui aiment la vérité. Quant à ceux qui préfèrent le mensonge, ils sont libres de choisir ; je ne prétends pas contrarier leurs sympathies.

Ces explications d'ailleurs n'étaient pas nécessaires à ceux qui me connaissent; elles seront inutiles aussi à ceux qui, par système ou par habitude, combattent le clergé catholique. Mais elles répondront aux vœux des chrétiens qui honorent le caractère sacré du prêtre et qui défendent la dignité de son ministère.

LETTRE DE MADAME DE SEILLANS.

MONSIEUR L'ABBÉ,

J'arrive d'un voyage et je lis le compte-rendu de l'affaire des Blüth, où à ma grande peine j'ai vu figurer votre nom. J'ai tout aussitôt pris la résolution, pour obéir à ma conscience, de rectifier des faits qui se sont passés chez moi et devant moi. Je regrette seulement de n'avoir pas été appelée à déposer devant la Cour d'assises ; car j'aurais démenti hautement les faussetés qu'on a osé dire de vous, et les calomnies dont vous avez été l'objet de la part de gens auxquels vous n'aviez fait que du bien.

Voici le témoignage que je puis rendre devant Dieu et devant les hommes. Il y a environ six ans que je donnai gratuitement un asile à Melle Louise-Philomène Blüth, alors âgée d'une vingtaine d'années ; elle m'avait été recommandée par une de mes amies, car elle fuyait, disait-elle, des périls qu'elle avait à courir. C'est moi qui, à sa demande, vins vous trouver pour vous prier d'avoir la charité de l'aider de vos conseils. Au bout de trois jours, vous voulûtes bien vous rendre à mon invitation et vous nous honorâtes de votre visite ; car auparavant je n'avais pas l'honneur de vous connaître. Vous n'avez vu, Monsieur l'Abbé, Philomène Blüth qu'en ma présence, et je l'ai entendue vous dire qu'elle était très-malheureuse chez ses parents, où on l'avait enfermée avec quelqu'un ; et que, d'un autre côté, elle était sollicitée de la part d'un homme riche qui lui offrait sa protection à des conditions honteuses ; elle vous supplia de lui procurer un abri. Pour vous, Monsieur l'Abbé, bien loin de la traiter comme elle l'a dit, vous lui parlâtes avec une sévérité qui m'étonna ; car vous lui avez montré les dangers que courent les personnes légères et vaniteuses ; vous lui avez dit que sa sœur aînée serait avertie pour la mettre en sûreté. Voilà, Monsieur l'Abbé, les faits tels que ma mémoire très-fidèle me les rappelle, et je les aurais affirmés sous la foi du serment, si on m'avait assignée à rendre témoignage.

Quand j'ai donné l'hospitalité à cette fille, je ne m'attendais guère à une ingratitude si odieuse; mais j'ai cru faire une bonne œuvre, et Dieu m'en tiendra compte, je l'espère. Je m'attriste uniquement des peines qu'on a voulu vous causer; mais elles partent de trop bas pour pouvoir vous atteindre.

Agréez, Monsieur l'Abbé, l'assurance des sentiments distingués avec lesquels j'ai l'honneur d'être, avec le plus profond respect,

Votre très-humble servante,

E. DE SEILLANS-JORDANY.

6, rue Saint-Maur Saint-Germain.

Paris, ce 2 Mai 1861.